AF298023

LA RESPONSE

faicte par le Roy aux Députez des gens de la Religion Pretenduë Reformée.

A PARIS,

De l'Imprimerie de IOSEPH BOVÏLLEROT, pres le Palais.

M. DC. XX.

La responce faicte par le Roy aux députez des gens de la religion pretenduë reformee.

IL ne se faut plus étonner si plusieurs personnes qu'on a creuës diuinemét inspirées, ont annoncé des merueilles de nostre Roy. Tous ceux qui le voyent particulierement y recognoissent desia des marques abondantes de ces heureuses predictions. Vn iour

Monſieur le Garde des Seaux e-
ſtant reuenu du Conſſil auec vn
extreme contentement de quelque belle action que ſa Majeſté
venoit de faire en plein Conſeil,
dit par deux fois en parlant du
Roy, *veritablement ce Prince à ie ne
ſçay quoy de Diuin.* Et vne infinité
d'autres perſonnes en ont dit
autant : or ſouuent on s'eſt tra-
uaillé l'eſprit à ſe repreſenter tout
ce qui peut rendre vn Monarque entieremét accomply : mais
il faut confeſſer que noſtre ima-
gination ne s'eſt peu rien figurer
de grand au dela des vertus du
Roy. Il a tant de parties Royales,
que quand ceſte Couróne ne luy
ſeroit point acquiſe par naiſſan-

ce, elle luy seroit deuë par esle-
ction. La Sagesse que les autres
Princes ne peuuent auoir que
par vne longue suitte d'expe-
rience & de trauaux, luy est ve-
nuë deuant les années, nous en
voyons tous les iours tant de tel-
moignages, que si iusques à pre-
sent nous auions creu que les
Monarques fussent faits par la
fortune, nous serions forcez
d'aduouër que le nostre nous est
donné de la main de Dieu. Con-
siderez, ie vous prie, de quelle
façon vrayement miraculeuse il
a surmonté tous les obstacles
qu'on a tasché d'opposer à l'ac-
croissement de sa vertu : voyez
auec quelle patience il supporte

ses desplaisirs, auec quelle discretion il les dissimule? Souuenez-vous de quel courage il se resolut de prendre le gouuernement de son Estat, & comme il a soin de la Iustice en vn aage où les ieunes Princes n'ont soin que de leurs plaisirs, vous iugerez asseurément que c'est vn ouurage de la prouidence diuine, & croirez qu'elle se veut seruir de luy à quelque dessein parfaictement glorieux. L'obligation que toute la France luy doit pour ceste grace inestimable, excede toutes les autres que nous luy deuons d'ailleurs. Car quelle plus grande & plus signalée faueur nous pouuoit faire sa bonté, que de

nous donner vn Prince tout bō,
tout iuste & tout pieux! Comme
il arriue rarement que le Ciel fa-
ce des biens si purs qu'ils ne soiēt
meslez auec quelques maux : de
mesme les Rois ont peu de bon-
nes qualitez que la proximité des
vices n'ait quelques fois alterez.
Mais les vertus de nostre Roy
ont ce priuilege particulier,
qu'elles n'ont aucune affinité a-
uec les vices. Il à vn zele sans su-
perstition, vne clemence sans la-
scheté. Son humeur graue ne re-
pugne point à sa modestie, & sa
douceur ne desroge point à sa
Majesté.

Il ne faut rien craindre de
mauuais des Princes qui crai-

gnent Dieu, qui ne le sçait pas
bien seruir, ne sçauroit pas bien
commander Le Roy commen-
ce & finit la journée par l'inuo-
cation de son nom, c'est la der-
niere parole qu'il pronôce quãd
il se couche, & la premiere qu'il
dit aussi-tost qu'il est esueillé. Il
se tient si glorieux de porter la
qualité de premier Fils de l'E-
glise, qu'il n'y a bien qu'il ne fa-
ce pour la merite. Il ne faut pas
demander si le Prince qui a les
vertus Chrestiennes en tel de-
gré de perfection, sçait pratti-
quer les vertus morales. Qu'il
soit dans ses exercices, il n'y a
rien qu'il ne laisse sans regret
pour s'enfermer deux ou trois
heures

heures dans le Conseil auec les
Ministres de l'Estat. Quand les
Roys ont des inclinations baf-
ses, on le recognoist aisément.
Ils pensent estre à la gehenne
quand ils sont dessus le Thros-
ne: Luy tout au contraire, ne pa-
roist iamais si côtent que quãd
il faut donner audience à des
Ambassadeurs, ou faire quelques autres actions de Roy. Son
esprit qui se plaist dans les cho-
ses serieuses, s'est despouillé des
affections de la jeunesse, pour
prendre les soings de l'age viril,
& pour s'applicquer du tout au
labeur du Gouuernement. Il
n'y a particularité dans les affaires dont il ne soit informé, & ne

B

s'expedie rien sans son cōman-
dement : Si on luy demande
quelque chose, il delibere auāt
que d'engager sa parole, mais
elle est inuiolable depuis qu'elle est vne fois donnée.

Ce seroit faire tort aux vertus des Rois de taire combien il
excelle en la Iustice Politique,
partie d'autant plus rare & esti-
mable, que les vertus morales
ne regardent que le gouuernement de soy-mesme, & que cel-
le-cy a pour son obiect le gou-
uernemēt public. C'est en quoy
sa Majesté merite veritablemēt
d'estre admiré : Il ne faut point
alleguer au Roy l'interest particulier quand il y a du bien pu-

blic: ainſi l'vnique moyen de
regner abſolument, c'eſt de regner iuſtement. Les François
ne ſont point ſi peu capables de
diſcipline que l'on voit: il n'y a
rien que les loix ne leur facent
faire, pourueu qu'elles ayent la
verge à la main; Outre que le
Roy eſt fort ſeuere à faire obſer-
uer ſes Edicts, il a vne grande
bonté naturelle, & ſçait vſer bié
à propos de la clemence de l'E-
ſtat, lorsqu'il iuge que le pardon
eſt plus vtile que le chaſtiment,
auec toutes ces belles qualitez
il eſt robuſte & indefatigable
au trauail, il prefere la peine ne-
ceſſaire au bien de ſon Eſtat, à la
ſanté de ſa perſonne, & deſpuis

qu'il est sorty de Paris on ne l'a
veu que bien peu rechercher les
delices ordinaires des Rois, tant
que sa Majesté a peu voir que
le restablissement de la paix &
du repos public dependoit en
ces derniers temps, de la peine
& de la fatigue.

Apres auoir r'asseuré ses Prouinces, traicté auec la Reyne sa
Mere, & iuré auec elle vne par-
faicte & immortelle amitié telle que la nature le requiert, par-
donne les reuoltes & les rebel-
lions. Sa Majesté sans se donner
repos passe la Loire, voit la Reyne sa Mere à Brissac, & de là tire
droict à Poictiers pour donner
ordre au reste de ses affaires, de

là elle appréd l'estat de ses Prouinces Aquitaines, s'asseure de
l'affection de ses Gouuerneurs
& Lieutenans, delibere du lice-
tiement de ses trouppes, receu
plusieurs chefs & Cappitaines
en grace, & principalement la
mesmes, ie dis audit Poictiers,
viennent trouuer sa Majesté
force depurez de villes & communautez des gens de la Religion pretendue Reformée, tât
de la Prouince de Poictou que
d'autres païs & Prouinces, char-
gez de protestations de leurs
corps & communautez parti-
culieres, par lesquelles elles luy
offrent leurs cœurs, leurs vies,
leur sang & leurs moyens, & de

B iij

plus lesdits Deputez ont ap-
porté à ladite Majesté les clefs
des villes & places où cóman-
dent lesdits de la Religion pretenduë, auec charge de dire au
Roy de leur part, que sa Majesté seroit receuë par tout en les
villes, quand il y voudroit en-
trer auec toute & telle force
dont il luy plairoit est e assisté,
qu'il y seroit receu en Roy, obey
en Prince, seruy & respecté có-
me Monarque souuerain , par
ceux qui luy sont naturels & o-
bligez subiects, & soubs le be-
nefice des Edicts duquel ils
ioüyssent de la liberté de leur
conscience.

Sa Majesté ayant ouy les

proteſtations, & receu les clefs
des places des mains deſdits
deputez de la Religion pretenduë, & agree les choſes prote-
ſtees de la part de leurs communautez, en leur rendant les clefs,
les renuoya auec ceſte reſpon-
ce, digne de ſa Royalle bonté,
*Allez ſo ez-moy bons ſujets, & ie vous
ſeray bon Roy*: parolles pleines d'a-
mour, & d'vn vray pere de la
Patrie, qui cherit eſgalement les
ſiens, qui n'a que de l'affection
pour ceux qui affectionnent
ſon ſeruice, & qui luy teſmoi-
gnēt tout amour, fidelité, obeïſ-
ſance & reſpect à ſes loix, conti-
nuans nos vœus tous enſemble
vers la Diuine bonté, pour la

prosperité & santé de sa Majesté, repos de son Estat, & bien
de son seruice.

F I N.